TU TURNO
Guía práctica para invertir en bolsa con el mínimo riesgo

1-INTRODUCCION

Mi formación no es económica ni financiera. En realidad soy una mezcla entre un bohemio y un ingeniero de nivel medio. No pertenezco a ningún banco; es más, me cobran las mismas comisiones que a ti, y me cabreo seguramente tanto como tú por este motivo.
En definitiva, soy uno más de los mortales que necesita trabajar para seguir alimentando su circo particular.

La Bolsa nunca fue un mundo que me atrajera en exceso, seguramente por la idea que me había formado de que era exclusiva para los grandes gurús. La verdad es que ha sido poco a poco como he ido aprendiendo muchos de los métodos, trucos y reglas que se necesitan saber para no dejar demasiado dinero en el camino. Y aún me quedan muchos más.

Este libro está escrito para compartir esos conocimientos contigo.

No pretendo dar cátedra de nada, ni sustituir a los asesores bursátiles, brokers y otros profesionales que se ganan la vida en este mercado.¡ Que el Universo me proteja ¡ Es bueno que compares tus propias deducciones con las de otros profesionales, bien a través de portales en Internet o a través de contratos de servicios: Minimizarás el riesgo.

Este es un libro práctico. Las definiciones pormenorizadas y otros matices es mejor que las busques en las referencias bibliográficas.

2-¿POR QUÉ EN BOLSA?

Cada uno puede hacer con su dinero lo que le venga en gana, ¿ o no ?

La Bolsa es una de las tantas opciones para ganar o perder dinero en un mercado de libre oferta y demanda.

No es este el mejor foro para preguntarse si el dinero da la felicidad, pero no cabe duda de que todos queremos mejorar, trabajar menos horas, no aguantar a un jefe, tener paz interior...y se supone que así seremos más felices. Groucho Marx dijo: "Hay cosas mucho más importantes que el dinero; pero valen tanto..."

En fin, este libro probablemente no te hará rico (si me equivoco en este aspecto y has emigrado a un paraíso después de recoger tus dividendos en la Bolsa, te ruego aceptes mis disculpas por el error y me envíes un cheque o transferencia a mi cuenta corriente: Te bendeciré por muchos más años),pero puede proporcionarte unos ingresos accesorios muy apetecibles.

Como en cualquier negocio, uno puede plantearse recoger beneficios a corto, medio o largo plazo.
La Bolsa a largo plazo es siempre una buena inversión. Salvo catástrofe o quiebra de una compañía, tarde o temprano las acciones vuelven a subir y superan el valor de compra, generando beneficios al accionista.
Esta es por tanto una buena medida para invertir si no se necesita el dinero en uno o varios años.

Nuestro objetivo con este libro va a ser generar dinero a corto y medio plazo, es decir en unos días o como mucho en un (1) año desde que compramos las acciones.

¿Estás preparado?

¡Vamos allá ¡

3-REGLAS DE ORO

1-Necesidad

Juega en bolsa sólo el dinero que no vayas a necesitar a muy corto plazo.

La Bolsa no es una ciencia exacta y por muchos ases que creas tener en la mano, el mercado o la acción pueden dar un vuelco que haga bajar el precio por debajo del de compra. Si no quieres perder ese porcentaje de bajada, tendrías que esperar pacientemente a la recuperación del valor. Si necesitas ese dinero, no podrás hacerlo y al hacerlo efectivo, habrás perdido parte de tu dinero.

2-Límite

A corto plazo fíjate un porcentaje de beneficio determinado para vender las acciones.

Si has elegido el valor adecuado puedes ganar hasta un 10 % de lo invertido en menos de 1 semana, incluso más. Salvo que el valor esté en subida libre o los indicadores te sigan dando órdenes muy claras, vende y haz efectivos los beneficios a corto plazo.

En este supuesto, si has invertido, digamos 6.000 , ganarás 600 brutos, unos 550 netos. ¿Qué otra inversión te da ese réd ito en siete días?

Este sistema te hará ganar autoestima y seguridad en ti mismo.

3-Emoción

Los humanos nos sentimos poderosos cuando conseguimos demostrar nuestra valía. Si llevas jugando un tiempo, con ganancias continuas, puedes caer en el error de que todo esto está dominado y que siempre saldrá bien.

Cuidado. No te dejes llevar por la emoción. Sigue pacientemente las reglas de juego y vigila las señales de los indicadores.

Lleva a tu pareja a cenar y a bailar para disfrutar de los beneficios. Descarga en esa velada tus emociones.

4-Diezmo

Dona un 5 ó 10% de tus beneficios a asociaciones sin ánimo de lucro o personas que creas puedan necesitarlo más. El dinero debe fluir libremente. No te hagas el avaro. Confía en la vida.

Si obras de corazón, recibirás mucho más de lo que das.

4-ALGUNOS CONCEPTOS Y FIGURAS

A pesar de que no quisiera entrar en definiciones de conceptos, es imprescindible recordar algunos que debes conocer; de otra forma sería casi imposible seguir el hilo.

Este libro es un manual práctico, por lo que damos más importancia a saber utilizar un concepto que a definirlo. En caso de querer profundizar en las explicaciones , aconsejamos que consultes los libros especializados que figuran en las últimas páginas.

Todos los conceptos y figuras tienen un gráfico explicativo para facilitar la comprensión con un lenguaje en muchos casos no técnico.

Los gráficos pertenecen a cotizaciones reales.

Cotización

Son los diferentes valores económicos que una acción va tomando a lo largo del tiempo.

La gráfica representa en el eje vertical el importe de cada acción en euros y en el eje horizontal el tiempo(horas, días, semanas, meses o años en función de la gráfica).

Nuestras gráficas serán siempre de 1 año, salvo que se especifique lo contrario.

Ver fig 1.

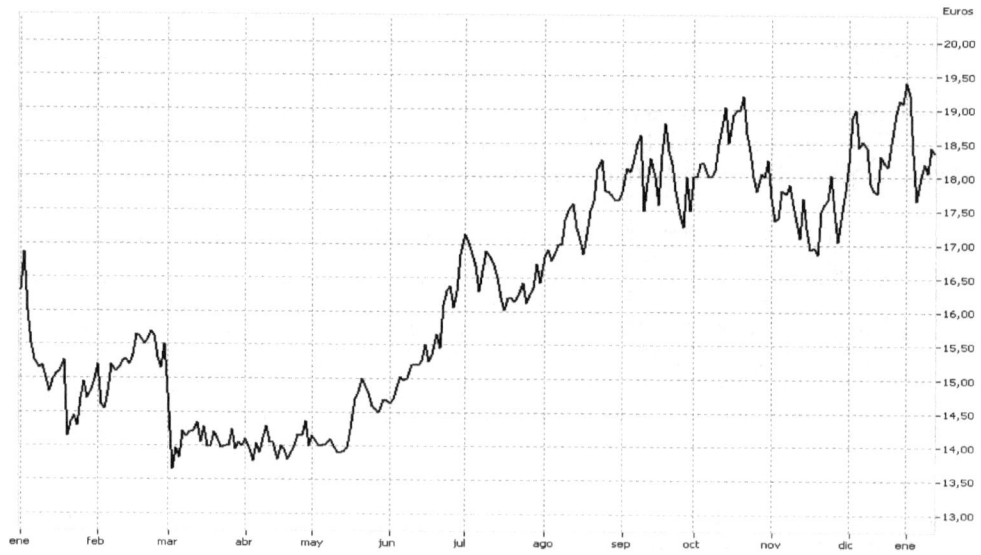

Fig 1-Curva de Cotización

Tipos de análisis. Chartismo y análisis técnico

El análisis fundamental es el estudio de una sociedad o empresa en base a sus balances y cuentas de resultados pasados y presentes. Representa el estudio de la solidez de la empresa.

El análisis bursátil se fija en la cotización de la acción en comparación con los datos económicos de la sociedad. Por ejemplo, nº de acciones y su valor en relación al capital social de la empresa, etc...

El análisis técnico predice la cotización futura en base a los valores pasados y presentes.

El chartismo o análisis gráfico es la parte del análisis técnico en que se realiza el estudio de las figuras que dibujan la curvas de cotizaciones.

Nuestro trabajo se centrará predominantemente en la utilización del análisis técnico y chartismo para predecir los movimientos de la acción al alza o a la baja.

Valores durante una sesión de bolsa

A lo largo de una sesión diaria de bolsa la acción presenta cuatro valores: Apertura, máximo, mínimo y cierre.

En este libro sólo consideraremos el valor de cierre, salvo que se diga lo contrario.

Más adelante veremos que aunque nuestros análisis los realizaremos con el cierre, los máximos o mínimos pueden ayudarnos a fijar nuestra posición vendedora o compradora.

Resistencia y soporte

Se dice que una acción alcanza o tiene una resistencia cuando no es capaz de superar un valor determinado. Una resistencia es un valor de la curva de cotizaciones que se resiste a ser superado.

Se considera que la resistencia se ha roto y la acción puede seguir subiendo cuando se supera el valor en un 3 % ó más ,no antes.

Se dice que una acción tiene un soporte cuando a pesar de bajar, no lo hace por debajo de un valor determinado. Se considera que el soporte se ha roto cuando se supera a la baja el 3%.Este es un mal momento para la acción, ya que su valor puede caer fuertemente. Un soporte es pues un valor de la curva de cotizaciones que soporta la acción y dificulta que baje de este nivel.

Normalmente cuando se ha superado una resistencia, ésta se convierte en soporte y sirve de referencia. Igualmente, el soporte roto se convierte en resistencia posterior.

Las resistencias y soportes de un título pueden conocerse trazando líneas paralelas sobre los antiguos máximos y mínimos de la cotización en el último año, considerando sólo los valores de cierre.

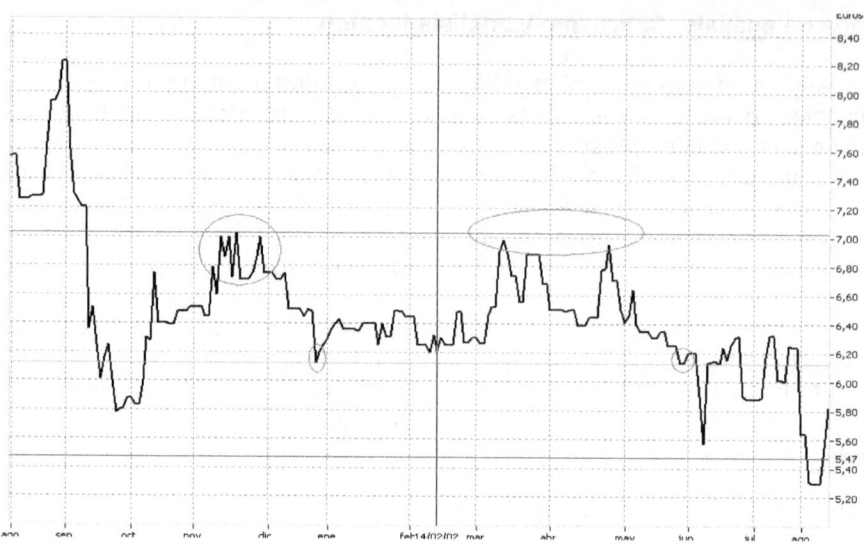

Fig 2 -Resistencia y soporte

En la fig 2 puede apreciarse que hay una resistencia muy clara en los 7 euros (linea azul) y un soporrte sobre los 6,16(verde). El soporte ha sido roto en agosto, por lo que ahora es una nueva resistencia a salvar.

Pull back

Cuando una acción rompe una resistencia o un soporte se produce un movimiento rápido y corto de caída de la cotización, para volver a subir definitivamente. Esta figura se conoce como Pull back y es una de las más frecuentes en los charts.
El Pull back es muy utilizado para comprar en su mínimo, aunque se puedan perder unos céntimos si comparamos con el valor más bajo anterior.
El Pull back también suele darse cuando la cotización rompe un soporte. Se produce una especie de rebote técnico hasta igualar prácticamente el valor anterior de la cotización(cerca del soporte roto), para a continuación desplomarse .

En la fig. 3 puede observarse cómo se rompe el soporte de 12 . El valor intenta recuperar ese nivel, pero fracasa y cae.

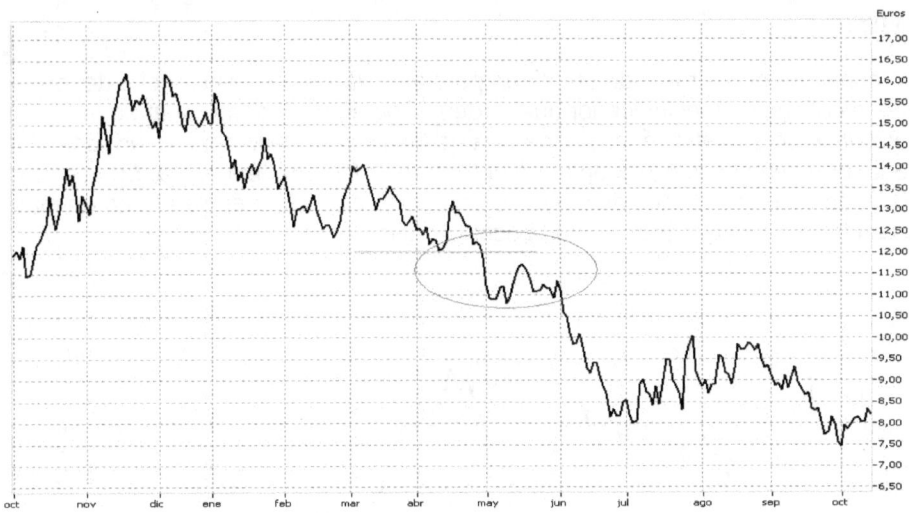

Fig3-Pull-back

Lineas de tendencia

Son líneas imaginarias que se trazan uniendo los máximos de la cotización o indicadores si la tendencia es bajista, o los mínimos, si es alcista.

Fig 4-Líneas de tendencia alcista

Canales

Un canal se forma trazando una línea paralela a la línea de tendencia, de forma que la cotización o el indicador quede dentro de ambas líneas. Cuando la cotización se sale del canal y corta una de las líneas que lo conforman, es señal de que la acción presuntamente tomará una u otra tendencia. En la figura 5 vemos que a mediados de mayo se corta la línea de tendencia alcista en más de un 3 %, señal que indica que la acción bajará, como así ha sido.

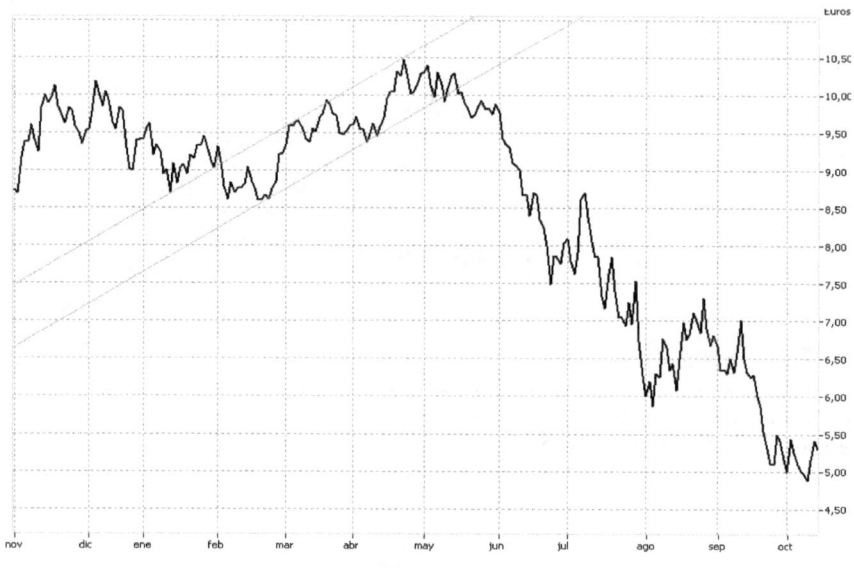

Fig 5-Canal

Identificación de figuras en el chart de cotizaciones

Dentro de las múltiples figuras que pueden formarse en un chart de cotizaciones, distinguiremos las siguientes:

Triángulos

Se forman al unir los máximos y los mínimos de la cotización en un intervalo de tiempo. Pueden ser simétricos (alcistas o bajistas),ascendente o descendente. En la fig 6 se muestra un triángulo (ovoide en rojo).Una vez traspasado el límite superior del triángulo en más de un 3 % se confirma la señal alcista, como puede comprobarse.

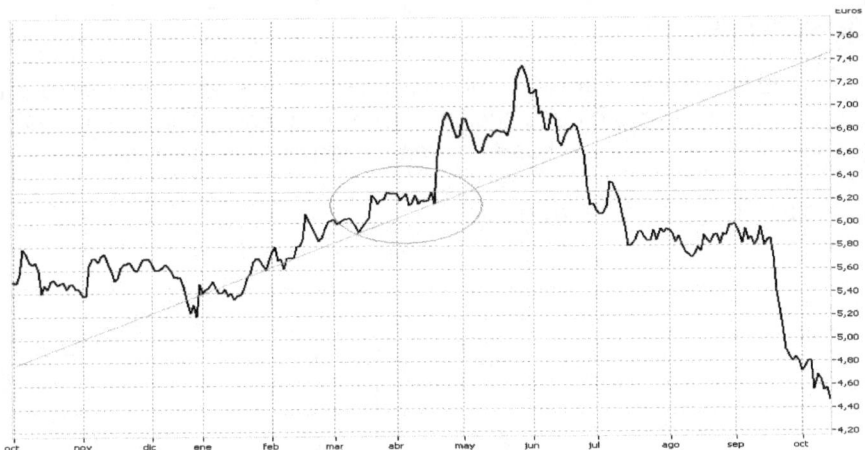

Fig. 6-Triángulo

Rectángulos

Se forman al unir los máximos y mínimos de la cotización en un intervalo de tiempo. Las líneas son prácticamente paralelas. Los rectángulos pueden ser alcistas o bajistas, en función de que la rotura de la línea sea la superior o inferior respectivamente. En la figura 7 se recuadra en rojo el rectángulo formado entre las líneas verdes.

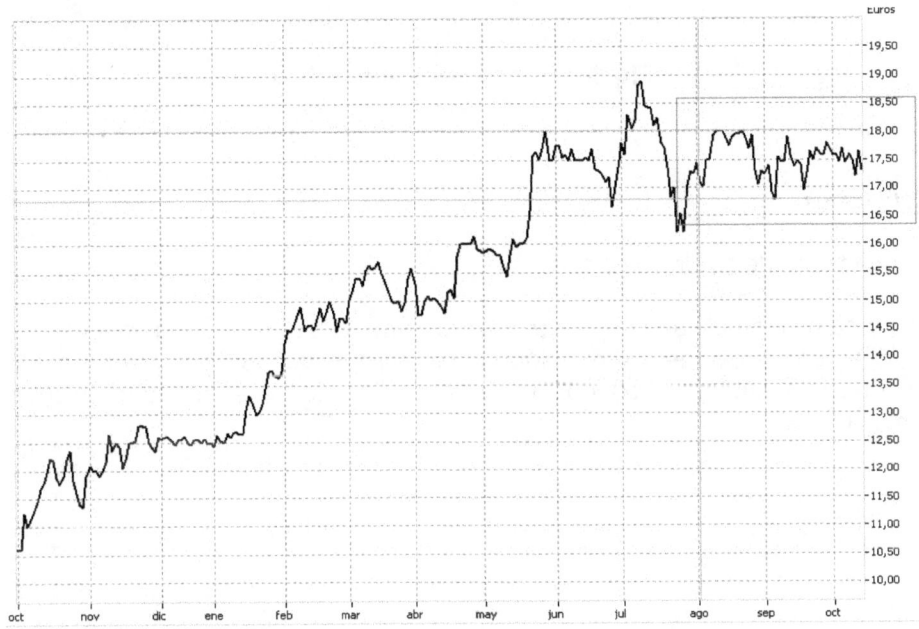

Fig 7-Rectángulo

Hombro-cabeza-hombro

Esta es una de las figuras estrella. Su formación indica que va a producirse una importante caída en el precio de la acción. Como su nombre indica, se forma una figura similar a la de un ser humano, semejando los dos hombros y la cabeza.
La variante alcista es la figura invertida.

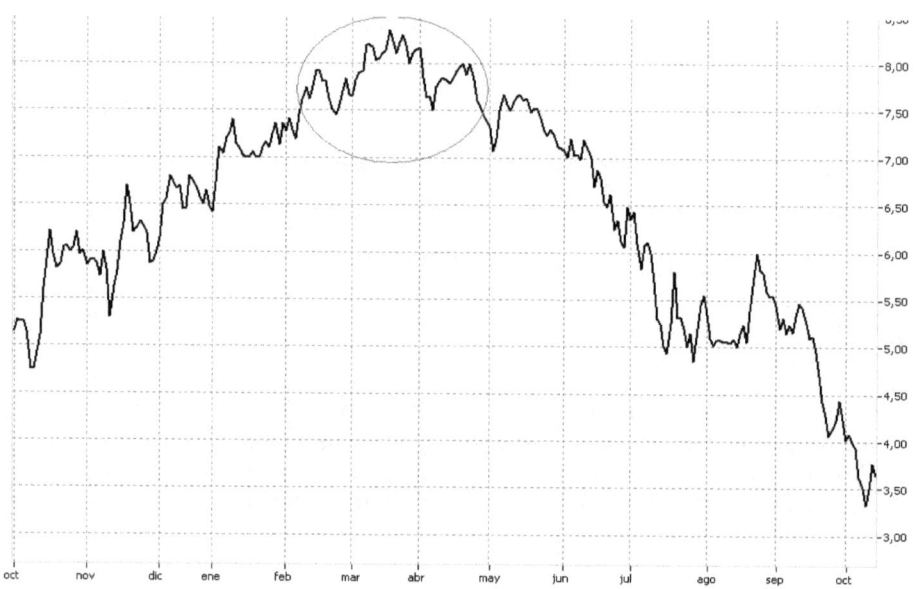

Fig 8-Hombro-cabeza-hombro

Doble suelo

Es una figura de tendencia alcista.

Se forma cuando el valor baja hasta un determinado punto (en la fig 9 es 43,00 euros), sube hasta otro valor que es resistencia (45,50) ,vuelve a bajar hasta el punto bajo o algo menos (en la fig 43,30) y asciende rompiendo la resistencia.

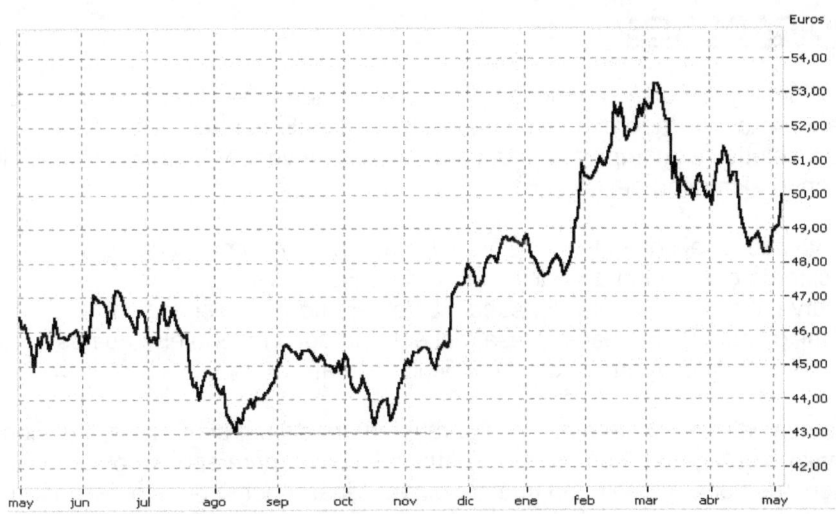

Fig 9-Doble suelo

Banderas,gaps,estandartes,diamantes,puntas y otras muchas figuras, no van a ser utilizadas en este libro dada ,a nuestro juicio, su escasa fiabilidad. Reiteramos que se consulte bibliografía especializada en caso de querer profundizar sobre ellas.

5-INDICADORES

Las acciones y la Bolsa se mueven por ciclos y tendencias. Tarde o temprano una tendencia alcista termina y comienza la tendencia bajista, y viceversa. Nuestro objetivo es comprar lo más barato posible y vender lo más caro posible asumiendo el mínimo riesgo.

Como ya sabes, el conjunto de valores de cada acción forma la curva de cotización de esa acción a lo largo del tiempo.(Figura 1)
Esta curva, o sea el que el valor suba y baje depende de la situación económico financiera de la empresa, del entorno del mercado en que nos movemos y de la coyuntura socioeconómica actual.

Si sólo nos valiéramos de esa curva para intentar adivinar si mañana la acción va a bajar o subir, no tendríamos más que la intuición para apoyarnos en una decisión que tiene que ver con nuestro dinero (aparte por supuesto del análisis fundamental y las noticias de la prensa especializada).

Afortunadamente la cotización también se mueve en base a unos criterios técnicos que fueron desarrollados por Dow Jones a raíz de la crisis de 1.929: El Análisis técnico y dentro de él, el chartismo o análisis gráfico.

Las decisiones que tomemos para con la compra, venta o mantenimiento de acciones, va a depender en buena medida de lo que una serie de elementos gráficos complementarios nos digan con respecto a la evolución de la acción: Los indicadores.

Hay decenas de indicadores. Nosotros vamos a trabajar sólo con cuatro (4):

-RSI
-MACD
-Medias móviles
-Volumen

La fig 10 nos muestra un chart con la cotización y los indicadores.

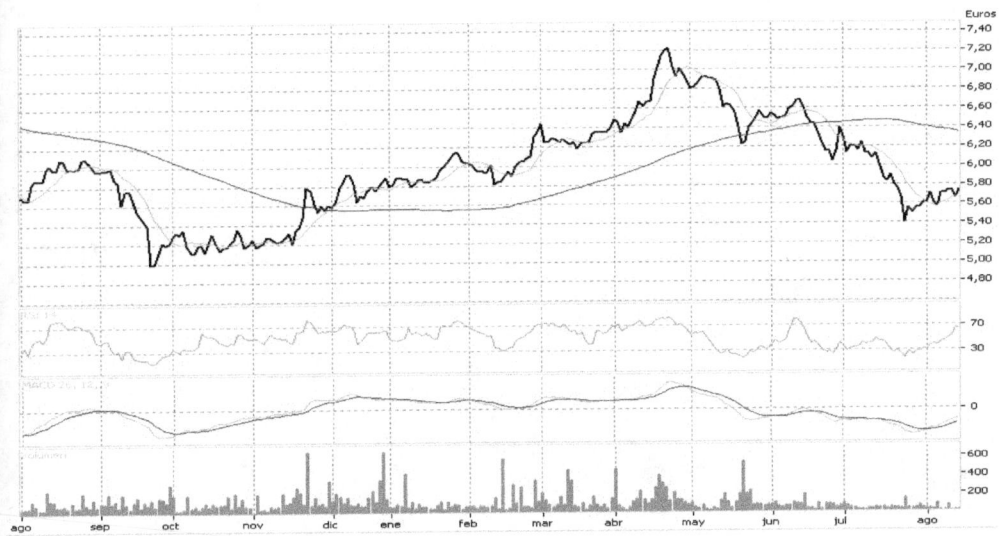

Fig 10-Cotización e indicadores

RSI (Relative Strenght Index)

El RSI (Indice de Fuerza Relativa) nos indica la posición de sobrecompra o sobreventa de un valor. Es decir, si un valor está sobrevendido será un buen momento para comprar. Paralelamente si el valor está sobrecomprado será un buen momento para vender. Trabajaremos con el RSI a 14 días.

El valor del RSI oscila entre 0 y 100.Normalmente se utilizan los límites de 70 y 30 (ver fig 11)para indicar cuándo empieza a estar en zona de sobrecompra o sobreventa respectivamente. No obstante, estos valores son orientativos y hemos de considerar el último año de cotización para ver si históricamente el valor ha llegado a niveles superiores o inferiores y ver qué comportamiento ha tenido.

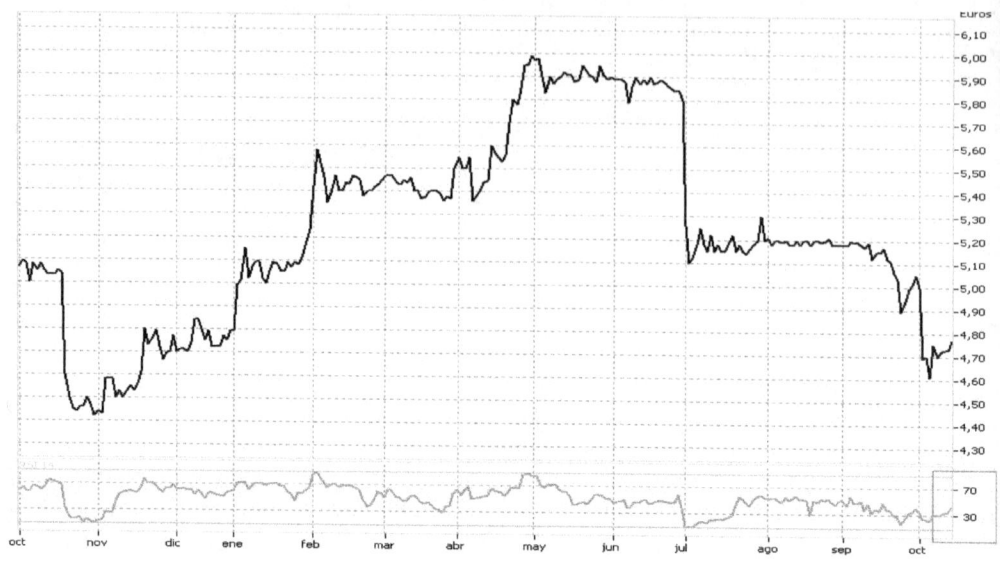

Fig 11-Límites RSI

En la figura 11 observamos el comportamiento de un valor. En este caso vemos que históricamente en el último año el primer cambio de tendencia ha ocurrido con valores de RSI de 10,muy por debajo de los 30. Aquel será el valor de sobreventa que adoptamos para tomar nuestras decisiones de compra (a un año vista) . En mayo de este año , vemos que la sobrecompra se sitúa con RSI de 87. Este será es valor que adoptaremos para vender(a un año vista), puesto que probablemente la cotización comenzará a bajar si llega a este valor(como efectivamente ocurrió entre mayo y julio).

Un punto de inflexión(pico) en el RSI nos indica que puede haber un cambio de tendencia, pero esto no es suficiente. La confirmación del cambio debemos buscarlo en el análisis del chart(gráfico).
Para ello, se traza la línea imaginaria (línea de tendencia) que una los máximos (si la tendencia hasta ahora es bajista) o los mínimos(si la tendencia es alcista). Cuando el valor del RSI corte la línea imaginaria que hemos trazado, será la señal de la operación de compra o venta. En este punto de corte la acción toma un valor en la gráfica de cotizaciones. Cuando este valor se supere en un 3% tendremos la confirmación. Mientras no se supere este 3 % corremos más riesgo de equivocarnos y que el RSI cambie de tendencia de nuevo y sea un intento fallido.

Divergencia en el RSI

El RSI puede presentar comportamientos paradójicos con respecto a la cotización del valor. Esto se llama divergencia y es muy común. Si el valor tiende a la baja y el RSI va subiendo, esto indica que la cotización no tardará en subir y no es momento de vender y quizás sí de comprar.

Alcista

Se produce cuando a valores cada vez más bajos de la cotización le corresponden valores cada vez más altos del RSI. La divergencia alcista es indicación de señal de compra.

Bajista

A valores cada vez más altos de la cotización, le corresponden RSI más bajos.

Fig 12-Divergencia bajista RSI

En la figura 12 vemos una divergencia bajista.

¿Cuándo da el RSI señal de compra y cuándo se confirma?

La figura 13 nos muestra claramente el ejemplo:

La cotización corta la línea imaginaria en 23,50 . Si aplicamos el porcentaje del 3 % de seguridad, compraremos cuando el valor llegue a 24,20.La confirmación del RSI es aún más tardía.

No cabe duda de que esperando la confirmación estamos perdiendo unos porcentajes de beneficio, pero estamos asegurando la operación, minimizando el riesgo. No esperar la confirmación de la señal puede traernos desagradables sorpresas, aunque algunos aventureros prefieren arriesgar. De ti depende.

Hay que destacar que como cualquier análisis, ni siquiera el hecho de que llegue la confirmación garantiza el éxito de la operación, ya que el valor puede estar influenciado por multitud de variables colaterales. Sin embargo, la probabilidad de éxito en condiciones normales de mercado es alta.

Hay muy grandes posibilidades de éxito cuando la señal de compra se produce con el RSI en zona de sobreventa, es decir, toma un valor inferior o igual al límite histórico. En ausencia de históricos, el valor de entrada en sobreventa se situaría en 30.

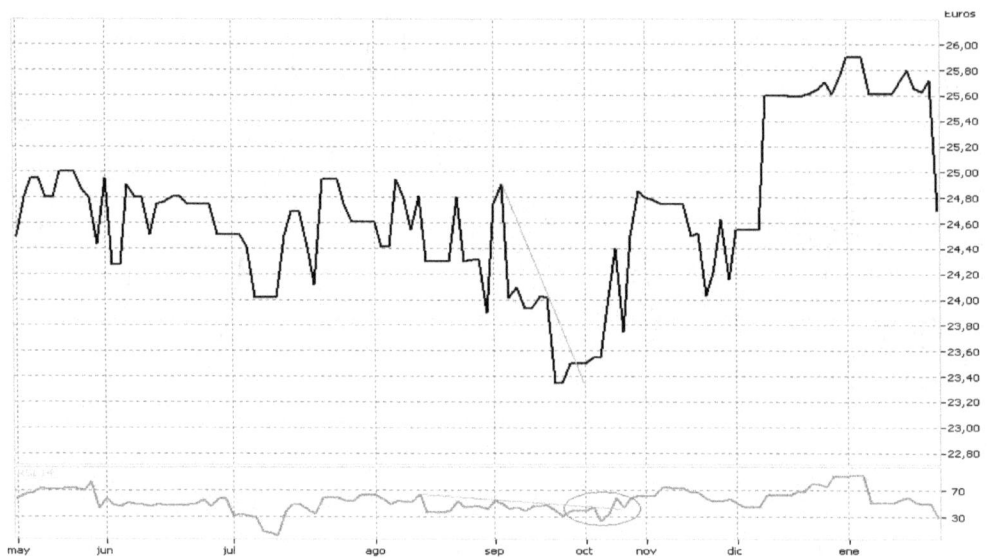

Fig 13- RSI Confirmación de señal de compra

¿Cuándo da el RSI señal de venta?

La señal de venta se produce preferentemente cuando el RSI entra en zona de sobrecompra, es decir, toma un valor superior al límite histórico. En defecto de históricos, el valor de entrada en sobrecompra se situaría en 70.

Igualmente puede aplicarse el análisis gráfico mediante trazado de líneas de tendencia y corte del RSI. En la figura 13 la venta se señaliza en enero y en la figura 14 entre octubre y noviembre (recuadrado en rojo).

Aún a costa de parecer pesado , reiteramos que es fundamental confirmar las señales.

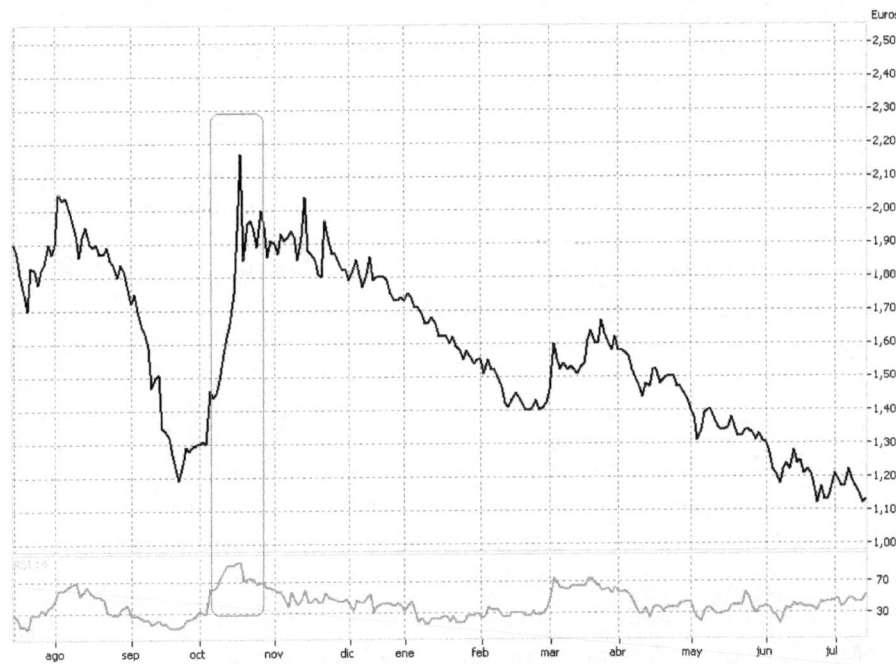

Fig 14- RSI Señal de venta

¿Cuándo da el RSI señal neutral?

Siempre que no se rompa una línea de tendencia o canal. En señal neutral, normalmente se encuentre en la franja entre sobreventa y sobrecompra (en ausencia de históricos entre los valores 30 y 70).Ver fig 15.

La señal neutral también puede implicar que se mantiene la tendencia actual (alcista o bajista).

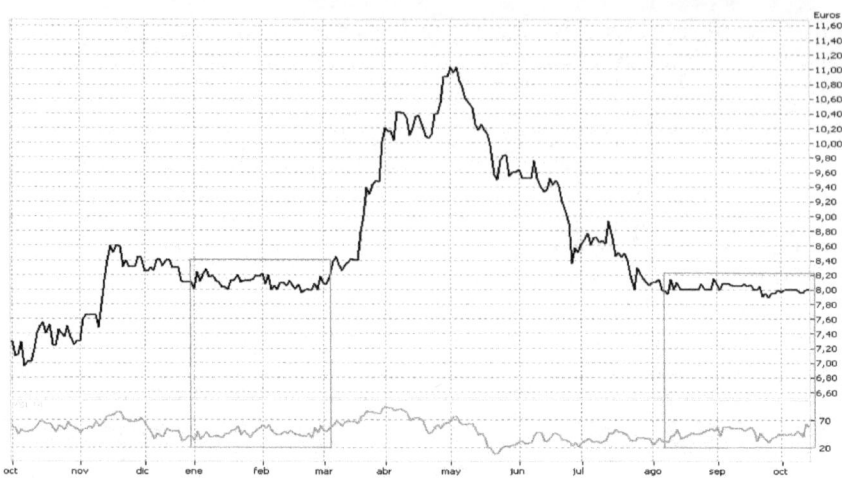

Fig 15- RSI Señal neutral

MACD (Movin´ Average Convergence Divergence)

Puede definirse como indicador de convergencia o divergencia de las medias
móviles.
Es también un indicador muy fiable. Aquí trabajaremos con el MACD 26,12,9
(periodos de las 3 medias móviles exponenciales).

Nos indica cuándo hay que comprar o vender en función del cruce de la señal
(Sign) con el indicador(Macd).A diferencia del RSI no tiene límites. El valor " 0 "
es el nivel medio y las líneas se mueven por encima o por debajo de él. Cuanto
más se alejen las línea del " 0 " estaremos más en zona de sobrecompra (por
encima) o sobreventa (por debajo).

La señal de compra se produce cuando el MACD corta de forma ascendente a
la Sign. La señal de venta se produce cuando el MACD corta de forma
descendente a la Sign. Mientras no se produzca el cruce de líneas se mantiene
la tendencia que en ese momento impere.
Si referenciamos el histórico de un año, podemos tener la referencia de lo que
se han alejado las líneas MACD y Sign del " 0 " y obrar en consecuencia.

Al igual que con el RSI, será preciso esperar la confirmación cuando se supere
en un 3% el valor de la cotización. El cruce del MACD con las líneas de
tendencia puede ya " per se " indicar una señal de compra o venta, pero no
sería la primera vez que la tendencia cambia bruscamente y no se colman
nuestras expectativas.

A pesar de que también existen divergencias en el MACD, no recomendamos
seguirlas, dado que no son tan fiables como en el RSI.

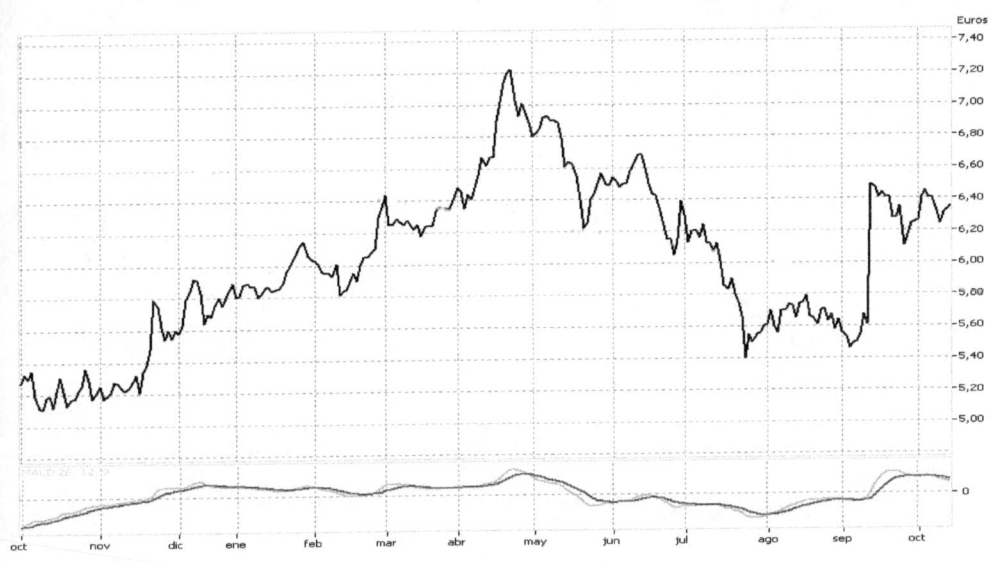

Fig 16-MACD

¿Cuándo da el MACD señal de compra?

La señal de compra se produce cuando el MACD corta a la línea del Sign en sentido ascendente.

¿Cuándo da el MACD señal de venta?

La señal de venta se produce cuando el MACD (naranja) corta a la línea del Sign (azul) en sentido descendente.
En la fig 17 se aprecian 3 señales dadas por el MACD (en rojo).

La primera es una señal de venta y las otras dos son señales de compra.
Obsérvese que la segunda señal de compra se mantiene en tanto en cuanto la línea del Macd no corte de forma descendente a la Sign en más de un 3 % de la cotización.
Si no hubiéramos tenido en cuenta esta regla quizás hubiéramos vendido a primeros de septiembre de este año, perdiéndonos la importante subida de después.

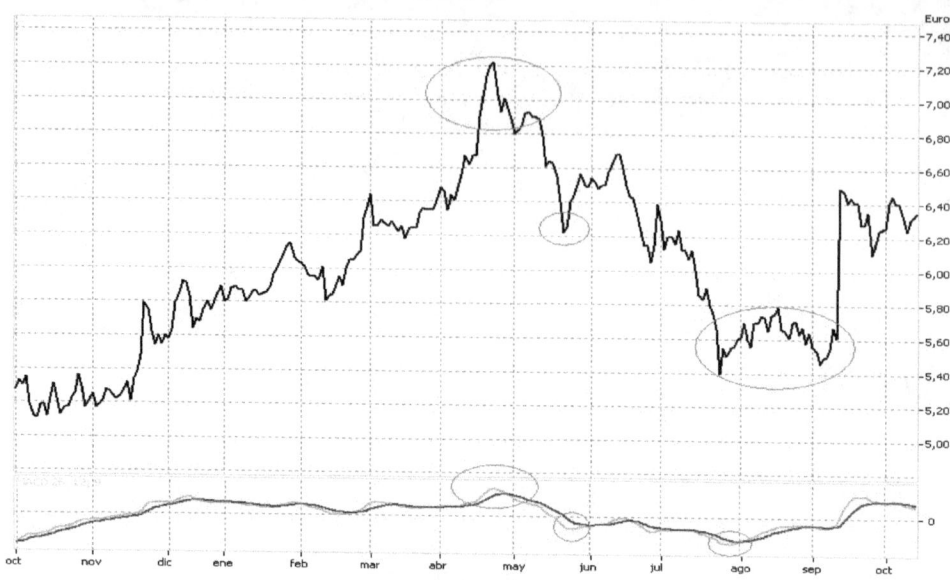

Fig 17- MACD Señales de compra y venta

¿Cuándo da el MACD señal neutral?

Siempre que no haya cruce de líneas MACD y Sign.

La señal neutral puede implicar que se mantiene la tendencia actual (alcista o bajista).

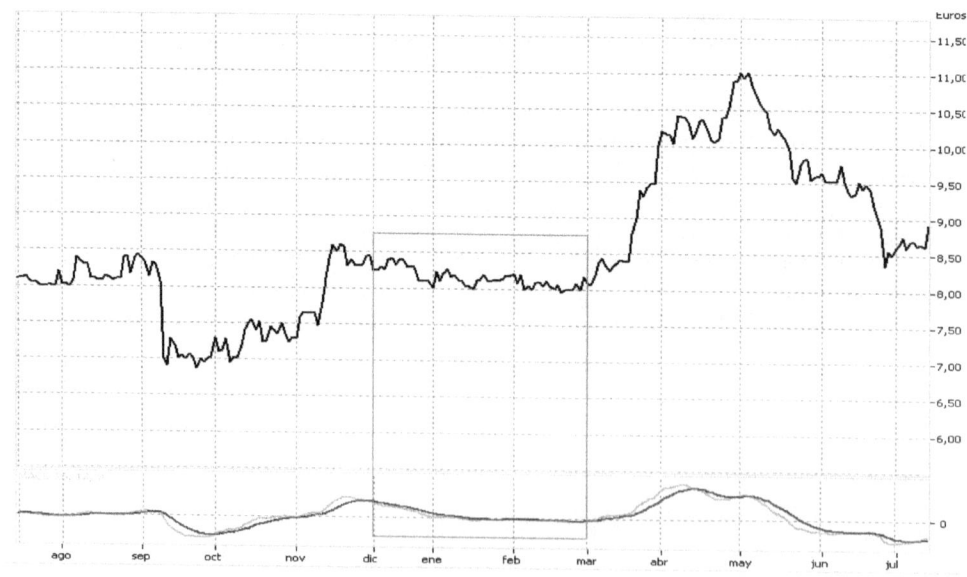

Fig 18- MACD Señal neutral

Sobrecompra y sobreventa en el MACD

Hay que fijarse en los máximos y mínimos históricos en el último año. Ver fig

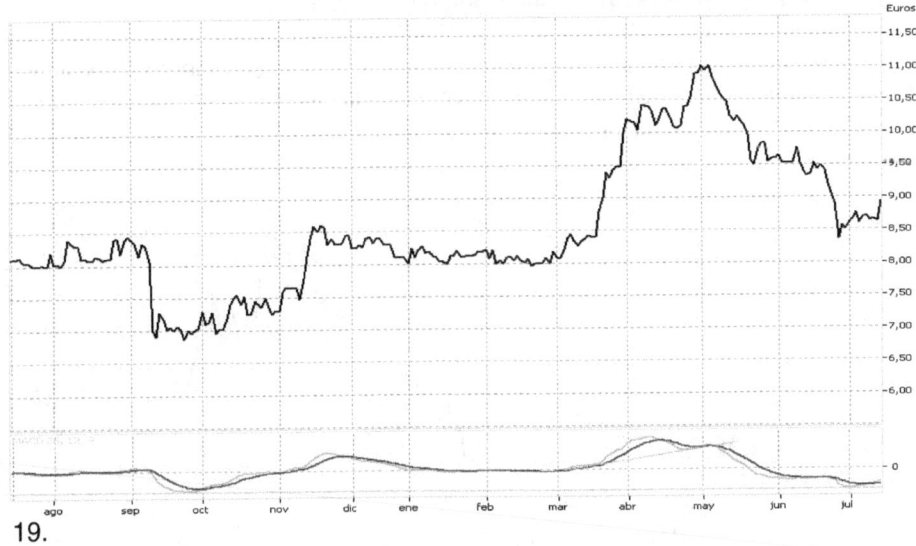

19.

Fig 19- MACD Confirmación de señal de venta y sobreventa

La línea verde horizontal nos indica el histórico del MACD a lo largo del último año. En julio de este año,cuando ha llegado al mínimo histórico, comienza de nuevo la ascensión del valor.

Igualmente, obsérvese el corte del MACD a la línea de tendencia alcista en mayo, señalando el cambio a bajista y dando orden de venta.

MEDIAS MOVILES

Las medias móviles son líneas suavizadas que facilitan observar con claridad la tendencia real de la cotización de un valor.

Aunque existen diferentes tipos de medias móviles(aritmética, ponderada, exponencial), aquí trabajaremos sólo con la aritmética ,también llamada simple.

En un planteamiento a corto y medio plazo como el que nos hemos marcado para este libro, elegiremos utilizar las medias móviles de 10 y 100 días respectivamente.

A diferencia del RSI,MACD y Volumen, que tienen su propia gráfica, las medias móviles se dibujan en distinto color sobre la curva de cotizaciones.
La señal de compra se produce cuando la cotización atraviesa la media móvil en sentido ascendente, tal como ocurría en el MACD entre el MACD y su Sign.

La señal de venta se produce cuando la cotización atraviesa de forma descendente la línea de la media móvil.

¿Cuándo dan las medias móviles señal de compra?

Cuando la cotización corta a la media móvil 10 de forma ascendente ó cuando la media móvil 10 corta de forma ascendente a la media móvil 100.Ver fig 20

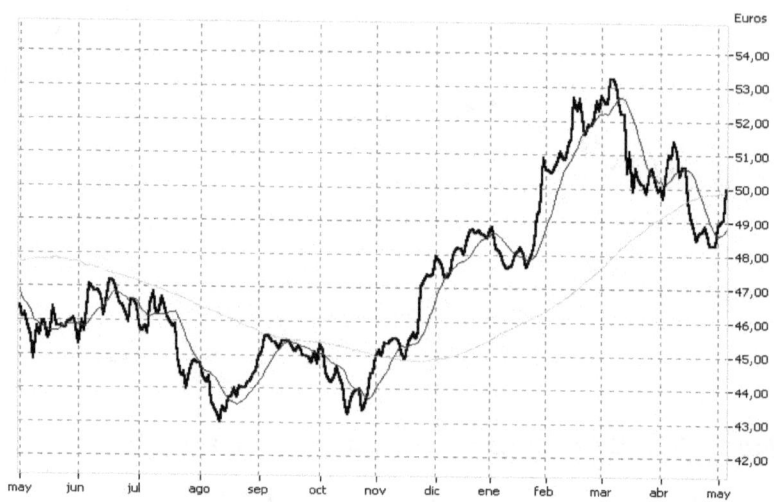

Fig 20-Señal de compra de las Medias Móviles

¿Cuándo dan las medias móviles señal de venta?

Cuando la cotización corta a la media móvil 10 de forma descendente ó cuando la media móvil 10 corta de forma descendente a la media móvil 100.

Fig 21-Señal de venta de las Medias Móviles

¿Cuándo dan las medias móviles señal neutral?

Siempre que no haya cruce de la cotización con las medias.

La señal neutral puede implicar que se mantiene la tendencia actual (alcista o bajista).

La confirmación de la señal, como siempre, se produce cuando se rebasa el 3% del valor de la cotización al alza o la baja.

VOLUMEN

Como decía Dow Jones, el volumen acompaña a la tendencia. Es un corroborador de que la tendencia es firme.

Si la cotización sube con el volumen será un buen momento para comprar y viceversa si la cotización baja con alto volumen. Muchas veces ocurre que el volumen no acompaña a la tendencia. Esto indica que la situación es neutral y que hay que vigilar el valor.

Si el volumen disminuye es indicación de una escasa y débil proyección futura.

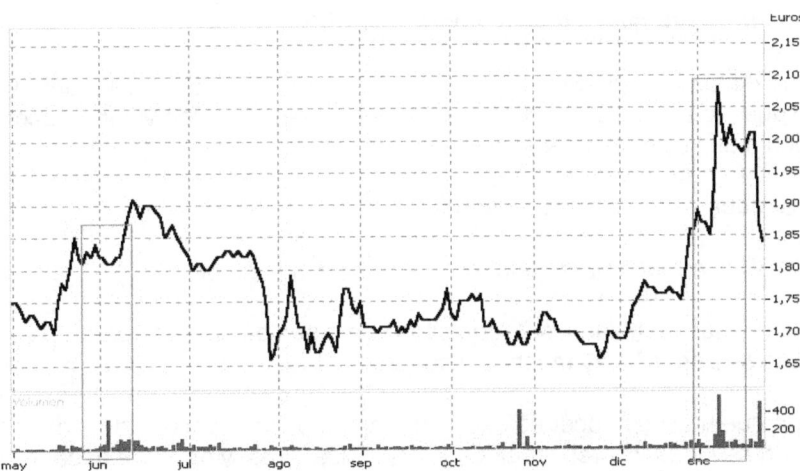

Fig 22-Volumen corroborador de la tendencia

6-¿CUÁNDO COMPRAR Y CUÁNDO VENDER?TOMA DE DECISIONES.

Muchas veces hemos oido de alguien que decía: " He comprado muy alto " o " He comprado mal ".Los términos " bien " o " mal " son términos relativos. Yo creo que si podemos vender a un precio más alto de lo que hemos comprado en el plazo elegido, lo hemos hecho bien.

Se puede comprar cuando existe una clara tendencia alcista, pero aquí vamos a trabajar con las zonas de sobrecompra y sobreventa.

Herramientas

En esta época que nos ha tocado vivir podemos valernos de la informática para trabajar mejor.
Al igual que para el resto de actividades, hay muchos programas informáticos o webs en internet que te permiten utilizar, gratis en algunos casos, el análisis chartista. Si quieres elegir, utiliza el buscador que prefieras y escribe " bolsa " o "chart" o la combinación de ambas y empieza a explorar.

Una vez elegido el programa, vamos a marcar los pasos a seguir para elegir un valor.

¿Cómo elegir un valor atractivo para invertir?

1-Dentro de los valores de la Bolsa (por ejemplo la de Madrid), vete uno a uno y elige aquel o aquellos que estén en tendencia bajista o con valor de acción por debajo de sus históricos.

2-El RSI debe estar en zona de sobreventa.

3-El MACD y la Sign deben estar por debajo de la línea de " 0 ".

Los valores que cumplan los 3 requisitos van a ser los elegidos para una posible inversión. (Si hay muchos, escoge 2 ó 3)

Ahora lo que hay que hacer es seguir día a día, o como poco cada 3 días la evolución de estos valores elegidos y sus indicadores, y obrar en base al cuadro de decisiones.

Antes de efectuar la compra, conviene para evitar sorpresas, leer las noticias relacionadas sobre las empresas elegidas en la prensa especializada o a través de internet.(Alguien me contó que quiso comprar 30.000 en acciones de una compañía que había bajado mucho su cotización.¡ Parecía una excelente inversión ¡… Pero la cotización bajaba porque la empresa entraba en quiebra).
Otro caso curioso es el de un hombre que compró acciones de una compañía porque en un solo día habían bajado a la mitad... ¡ La razón es que la compañía había hecho un split ¡

Una vez elegido un valor como posible inversión: ¿Cómo mirar un chart?

1-COTIZACION

Observa si la tendencia es alcista o bajista en el último año.

Marca las líneas de resistencias y soportes.

Traza el resto de líneas de tendencia y fíjate si hay figuras que te puedan dar una pista
(rectángulos, triángulos...)

2-RSI

Ver si existe convergencia o divergencia con cotización

Ver detalladamente la zona de sobreventa y observar los valores anteriores y el comportamiento de la cotización en esos puntos.

Trazar las líneas de tendencia.

3-MACD

Observar el comportamiento histórico y los cambios de tendencia.

4-VOLUMEN

Observar las subidas y bajadas de volumen en el último año.

¿Cuándo, pues, hemos de comprar?

En general, compraremos siempre que entendamos que la tendencia del título es a subir. La tendencia la podremos reconocer por las señales de los indicadores.

Aquí hay dos posibilidades:

Si compramos cuando el título está en ascenso, o sea, compramos en plena subida de la acción, podremos vender una vez que los indicadores nos anuncien el cambio de tendencia.
Si compramos cuando el título va a cambiar de tendencia (de bajista a alcista),cogeremos el valor bajo, pero tenemos que asegurarnos de que la tendencia va a cambiar.

En ambos casos deberíamos fijar el porcentaje a ganar.

¿Cómo estamos seguros de que el momento de compra es ahora?

La respuesta es : Analizando las señales de la cotización y los indicadores.

Cada indicador puede dar tres señales principales: Comprar-Vender-Esperar

No debemos tomar una decisión en base a un solo indicador, sino al menos en base a las señales que tres (3) de ellos nos proporcionen.
De los cuatro (4) indicadores comentados obviaremos el volumen :

Quizás sea el volumen el que menos repercusión pueda tener en la decisión. (aunque cuando el volumen sube, es un indicador prácticamente infalible).Por tanto, miremos los datos del RSI,MACD y Medias Móviles y actuemos en consecuencia.

¿Cuándo hemos de vender?

En general, venderemos siempre que entendamos que la tendencia del título es a bajar. La tendencia la podremos reconocer por las señales de los indicadores.

¿Cómo estamos seguros de que el momento de vender es ahora?

La respuesta igualmente nos la dan los indicadores, pero aquí haremos algunas matizaciones:

Si ya hemos conseguido el porcentaje de beneficio que nos habíamos fijado, es buen momento de vender.

Si aún superado el límite de beneficio que nos habíamos fijado sigues manteniendo las acciones, vende cuando los indicadores den la señal.

¿Qué hacer si no conseguimos el porcentaje previsto?

Si vemos que la tendencia del título cambia antes de alcanzar el objetivo propuesto, podemos bien esperar o bien vender y recoger el dividendo.
Si esperamos cabe la posibilidad de que el título vuelva a subir; pero también puede bajar.
En este caso hay que perder un poco de tiempo analizando cuidadosamente los indicadores.

¿Qué hacemos si el valor está cayendo por debajo del valor de compra?

Ya hemos dicho que esto no es una ciencia exacta. A todos nos ha ocurrido que cuando esperábamos beneficios, movimientos inesperados hacen caer al título por debajo de nuestro precio de compra.

Para estos casos hay dos opciones:

Esperar

Esperar es la primera. Esto, claro, es una gran inconveniente, porque hemos puesto nuestro dinero y nuestra ilusión y vemos que lo que compramos a 100, vale ahora 93 (por ejemplo) y estamos desesperados.
No te preocupes. El ciclo alcista volverá a llegar y con él los beneficios. En caso de que tarde varios meses, considéralo una inversión. Recuerda que el dinero que inviertes es el que no necesitas a corto plazo.
Si necesitas el dinero a corto plazo, aprenderás la lección y no lo volverás a hacer.

Stop-loss

Esta es la segunda opción.

El stop-loss es una orden de venta para minimizar la pérdida económica si un valor baja.
En el ejemplo anterior, podías haber fijado un stop-loss en 95 (5 % por debajo de la compra) y entones vender.
En este caso, habrías perdido parte del dinero pero te garantizas que si el valor sigue bajando no perderás más.

Sé que esta situación no es deseable, pero no olvides que esto es un mercado vivo y que nadie te garantiza réditos.

Hay una variante muy interesante del stop-loss que es el stop-loss dinámico:

Has comprado a 100 y has fijado un stop-loss a 95.Si el valor baja, pierdes 5.
El valor sube a 105 y fijas el stop-loss a 100.Si el valor baja no has perdido nada.
El valor sube a 110 y fijas el stop-loss en 105.Si el valor baja has ganado 5.
Y así sucesivamente.

Este ejemplo está simplificado para su fácil comprensión, pero en realidad hay que tener en cuenta que las operaciones conllevan gastos del broker y que esta modalidad sólo la permiten empresas especializadas.

La tabla siguiente nos facilitará la comprensión de cómo tomar las decisiones en función de las señales de los indicadores.

RSI	MACD	MEDIAS MÓVILES	DECISIÓN
COMPRAR	COMPRAR	COMPRAR	COMPRAR
COMPRAR	COMPRAR	NEUTRAL	COMPRAR
COMPRAR	NEUTRAL	COMPRAR	COMPRAR
NEUTRAL	COMPRAR	COMPRAR	COMPRAR
COMPRAR	NEUTRAL	NEUTRAL	ESPERAR
NEUTRAL	NEUTRAL	NEUTRAL	ESPERAR
NEUTRAL	NEUTRAL	COMPRAR	ESPERAR
NEUTRAL	NEUTRAL	VENDER	ESPERAR
VENDER	NEUTRAL	NEUTRAL	ESPERAR
NEUTRAL	VENDER	VENDER	VENDER
VENDER	VENDER	VENDER	VENDER
VENDER	NEUTRAL	VENDER	VENDER
VENDER	VENDER	NEUTRAL	VENDER

Decisiones a tomar en base a las señales de los indicadores

Este cuadro se aplicará cuando utilizando el chartismo , la propia cotización y sus figuras (banderas, líneas imaginarias de tendencia, etc…) estén dando una señal de compra o de venta.

Evidentemente cuantas más señales tengamos a favor más seguridad tendremos en nuestra decisión, pero podemos perder un porcentaje de ganancias. Como todo en esta vida, se trata de llegar al equilibrio entre los datos y las decisiones.

7- EJEMPLO

Vamos a empezar de cero y a elegir nuestros valores para operar dentro de un abanico de posibilidades. En el ejemplo desplegamos 4 cotizaciones de títulos con sus correspondientes indicadores. Esto es similar a lo que nos encontraremos cuando trabajemos con el programa informático elegido:

ACCION A

COTIZACION

La tendencia alcista que comenzó en octubre pasado parece que se corta.La señal la ha dado la cotización rompiendo a la baja la media móvil 10 y casi al mismo tiempo la línea imaginaria de tendencia alcista que hemos trazado(en verde).(Ver recuadro rojo).

Se ha formado un triángulo tendiendo en cuenta el soporte de 9,20 (también en verde)

RSI

El mínimo histórico en el último año está en torno a 25 (recuadro rojo).Actualmente el valor está por encima de 32 con lo que tiene todavía recorrido de bajada.

MACD

En octubre marcó su mínimo(recuadro rojo),con cruce del Macd a la Sign indicando una subida del valor que dura hasta mediados de enero. Actualmente el Macd está por debajo de la Sign y no parece que se marque un cambio de tendencia.

VOLUMEN

El movimiento de acciones parece inexistente.

DECISION

La tendencia es bajista y tanto al RSI como al Macd les queda recorrido para llegar a su mínimo, donde podría producirse un cambio de tendencia. Esta, lógicamente, también podría venir marcada por un pico(punto de inflexión del indicador) sin tener que llegar al mínimo.
Este no parece ser el caso y nuestra decisión como comprador debe ser esperar. Ahora mismo no es un valor que interese comprar.

ACCION A

ACCION B

COTIZACIÓN

Si observamos la cotización, vemos que en el último año ha ido incrementando desde los 24   hasta un máximo de 34.Al llegar a es te máximo, a primeros de febrero se rompe la media móvil 10 de forma continua, bajando el valor hasta los 32 euros, donde se encuentra ahora.
Parece que en la última sesión se ha producido un repunte.

RSI

En el último año objeto de análisis el valor de sobreventa se ha situado ligeramente por debajo de 30(finales de marzo anterior y primeros de mayo). Ahora mismo está muy por debajo, lo que es una clara señal de compra.
Al igual que lo ocurrido con la cotización, se ha producido un repunte en la última sesión.

MACD

El valor de MACD está por debajo del histórico y no se ha producido el corte de la Sign,con lo que se sigue confirmando la tendencia bajista.

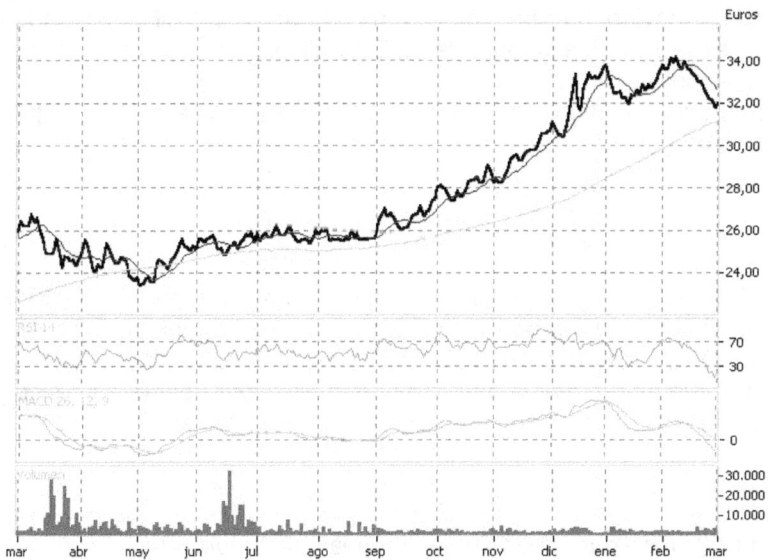

VOLUMEN

Desde julio del año pasado no se han producido incrementos de volumen.

DECISION

Este es un valor para observar detenidamente durante los próximos días ya que los bajos valores de RSI y MACD indican que pronto debería existir una recuperación.
Desde luego no hay todavía ninguna confirmación, pero parece que es un valor para comprar en breve.

ACCION B

ACCION C

COTIZACIÓN

Trazamos la línea imaginaria de tendencia alcista (uniendo los mínimos con línea verde) y generamos un canal(línea paralela a la anterior por su máximo). Si unimos los mínimos recientes, tendremos otra línea de tendencia. Ambas se cruzan por debajo de los 18   y forman un triángulo (ver zona recuadrada en rojo).

La cotización ha ido en alza desde marzo pasado y a primeros de este mes ha roto ascendentemente el canal y la línea secundaria (más reciente) de tendencia alcista con casi un 3% de seguridad. La media móvil y la cotización se mantienen muy juntas en el último mes y aunque hay amagos de cruzarla descendentemente, esto no ha ocurrido. La media móvil 100 está muy por debajo.

RSI

El RSI se ha movido durante todo el año de forma casi cíclica subiendo y bajando desde 30 hasta valores de 83.Este 83 es pues nuestro valor fijado para vender y 30 para comprar.
Actualmente se encuentra en 77,con lo que tiene poca carrera para que el valor siga subiendo.

MACD

El MACD actual ha superado claramente el histórico del año, lo que indica que el valor está sobrecomprado. Recientemente ha habido un fuerte cruce entre el MACD y la Sign, que refleja la abrupta subida de la cotización.
No hay cambio de tendencia aún, aunque el indicador apunta a un pico y hay que seguirlo.

VOLUMEN

El volumen parece que va en aumento en la última quincena.

DECISION

Comprar sería arriesgado ya que los indicadores se encuentran muy cercanos a sus máximos históricos. Es muy posible que la acción baje.

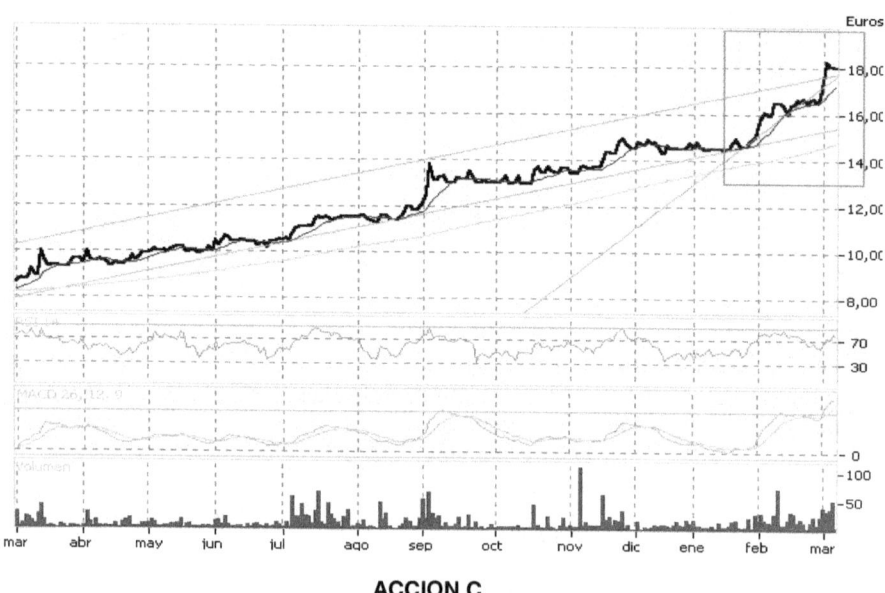

ACCION C

ACCION D

COTIZACION

En este caso vemos como existe un resistencia en los 6,80 euros, que ha sido superada recientemente con una fuerte subida.

Las medias móviles se cruzaron alrededor de los 6 euros, para posteriormente marcar claramente la subida del valor mediante el cruce de la 10 con la 100 a mediados de enero. Unos días antes, ya existía señal de la cotización al superar la media móvil 10 en más de un 3%.

Obsérvese en el mes de mayo pasado cómo la cotización marca un pull back ascendente bajando hasta los 3,5   previo a la subi da definitiva hasta los 6,80

.

RSI

En marzo pasado el RSI marcó su mínimo histórico del año, siendo sus fluctuaciones desde ese momento claramente ascendentes hasta noviembre, donde ya da señal de venta al prácticamente igualar el valor mínimo.

En enero consigue su máximo histórico anual y hacia él se encamina actualmente.

MACD

El Macd histórico es claramente ascendente, salvo entre noviembre y enero, marcando la bajada de la cotización.

Recientemente el MACD ha cortado a la Sign y marca una ascensión del título.

VOLUMEN

El volumen se incrementa ligeramente en las últimas 2 semanas.

DECISION

No hay ninguna señal clara que nos aliente a la compra. El valor puede mantenerse lateralmente alrededor de los 7 euros. No conviene comprar hasta ver una posterior evolución.

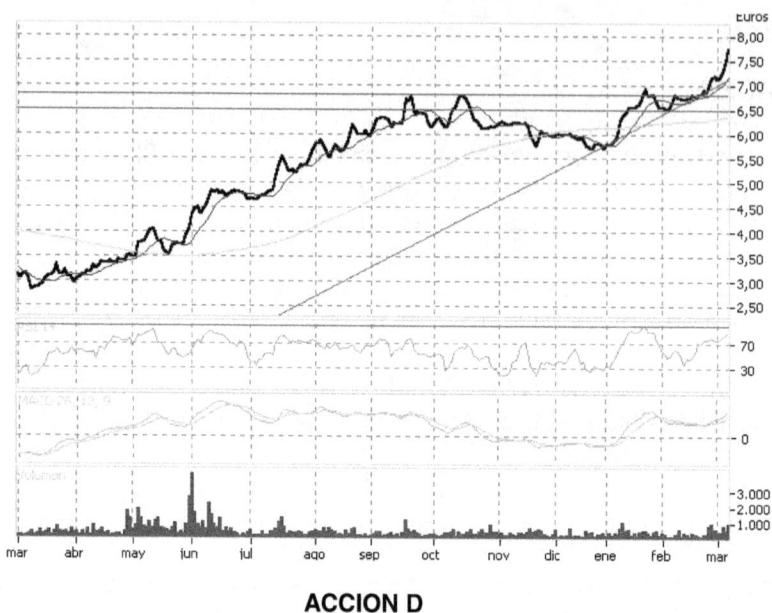

ACCION D

EVOLUCION DE LAS ACCIONES A,B, C Y D

Como continuación del ejemplo mostramos la evolución real de los valores
hasta julio.
A diferencia de los casos anteriores, estas gráficas tienen una duración de 16
meses.

ACCION A(evolución)

La cotización se desploma al no ser capaz de superar los 12,00 . Alcanza un
valor mínimo de 9,00 comenzando de nuevo su recuperación. En este
momento(julio) el valor es 10,25 .

Nuestra decisión de no comprar en marzo fue acertada.

En esta gráfica debe observarse cómo el RSI alcanza su mínimo histórico a
mediados de mayo de este año, dando una fuerte señal de compra. Obsérvese
que el MACD dio también señal de compra en el pico anterior(abril), marcando
su mínimo anual.

La caída de la cotización viene corroborada por el aumento de volumen en
marzo de este año.

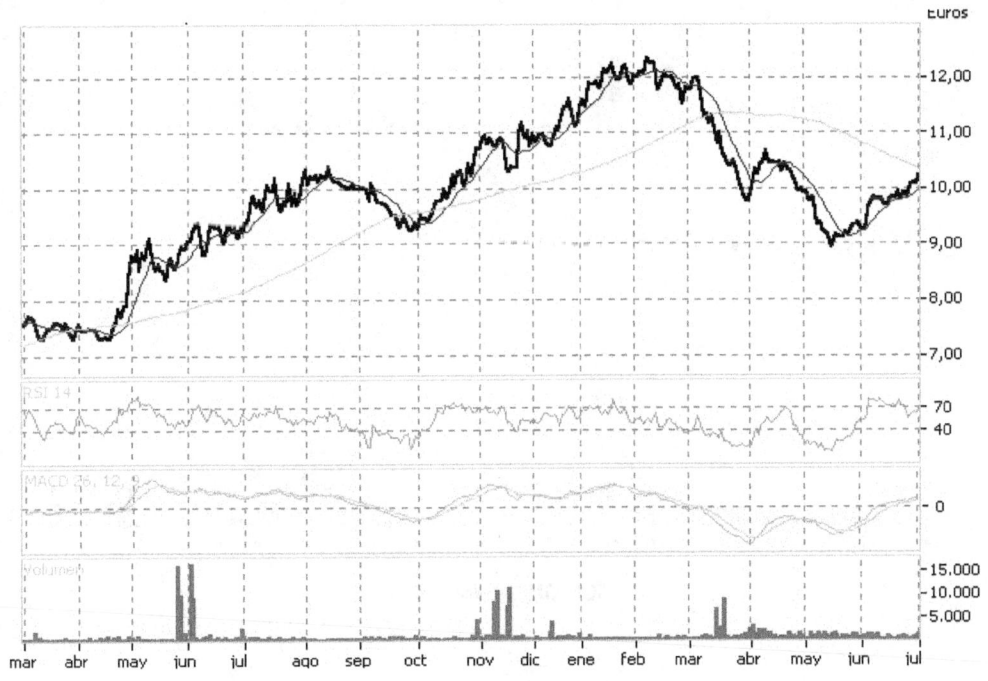

ACCION A(Evolución)

ACCION B(evolución)

Este valor debía ser objeto de vigilancia, puesto que existían posibilidades de fuerte subida.

En efecto, las señales del RSI y del MACD se adelantan ligeramente anunciando el ascenso de la cotización que supera su media móvil 10 en más de un 3% a finales de marzo-primeros de abril. La compra de acciones debería haberse realizado en este momento.

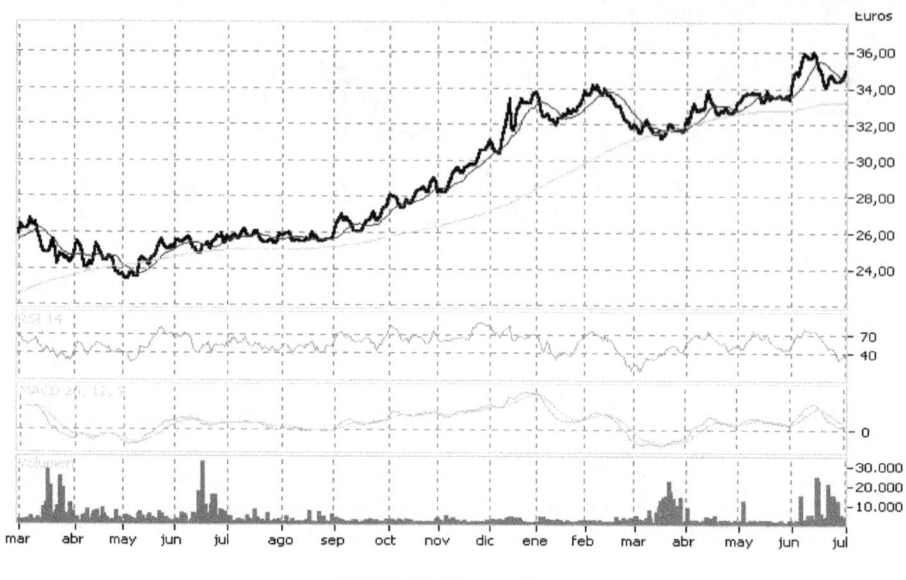

ACCION B(Evolución)

ACCION C(evolución)

A mediados de marzo la cotización marca un pull-back en su intento de superar los 18,40   pero cae progresivamente hasta los 14,5 0 .

El valor en el mes de estudio(marzo) estaba sobrecomprado (señal del MACD y RSI) y no era el momento de comprar.

Obsérvese no obstante, que en junio de este año tanto el MACD como el RSI están dando órdenes de compra por sobreventa.

En su contínua evolución en bolsa, un valor que no es atractivo hoy, puede ser muy rentable mañana.

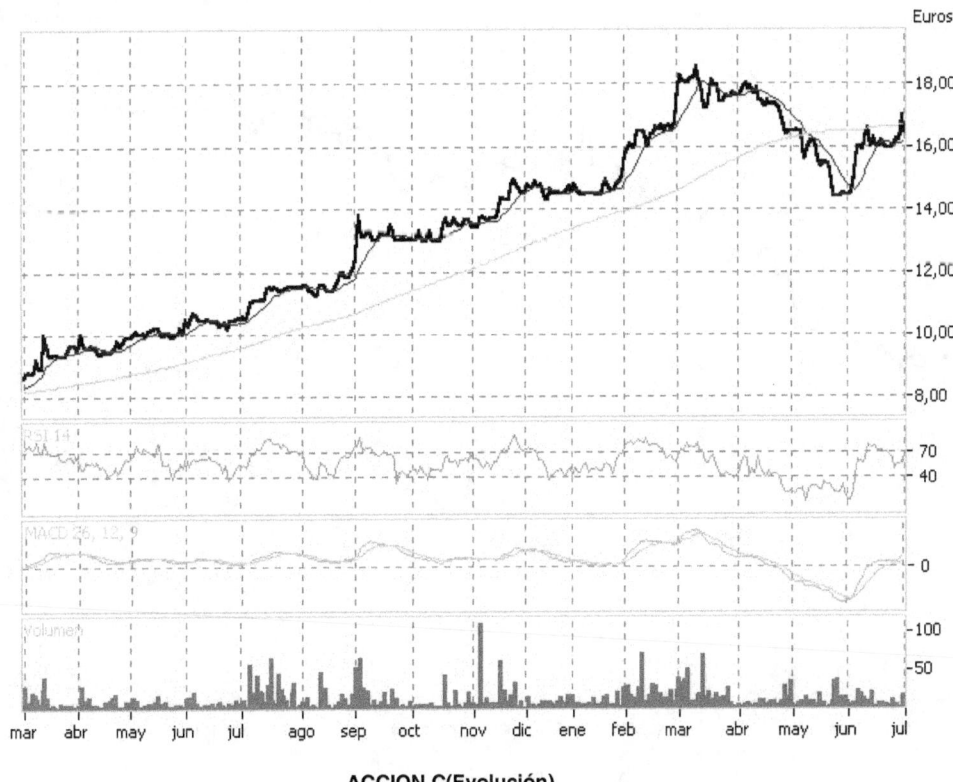

ACCION C(Evolución)

ACCION D(evolución)

El valor se encuentra en marzo en zona de sobrecompra, por lo que no es aconsejable la compra de acciones.

En efecto, en su evolución hasta julio el valor ha bajado de los 7,70   (máximo de 7,85) hasta los 7,30   (mínimo de 6,75   y me   dia de 7,00).

Durante estos últimos 4 meses no ha habido señales claras de que el valor vaya a tomar una u otra tendencia.

Actualmente se ha producido la rotura ascendente de la media móvil 10 por parte de la cotización(señal de compra). Antes de lanzarse a comprar hay que vigilar el valor y esperar nuevas señales de los indicadores.

Este valor prometía, pero en los 2 meses siguientes la cotización bajó hasta los 6,50 . No se debe confiar en una única señal.

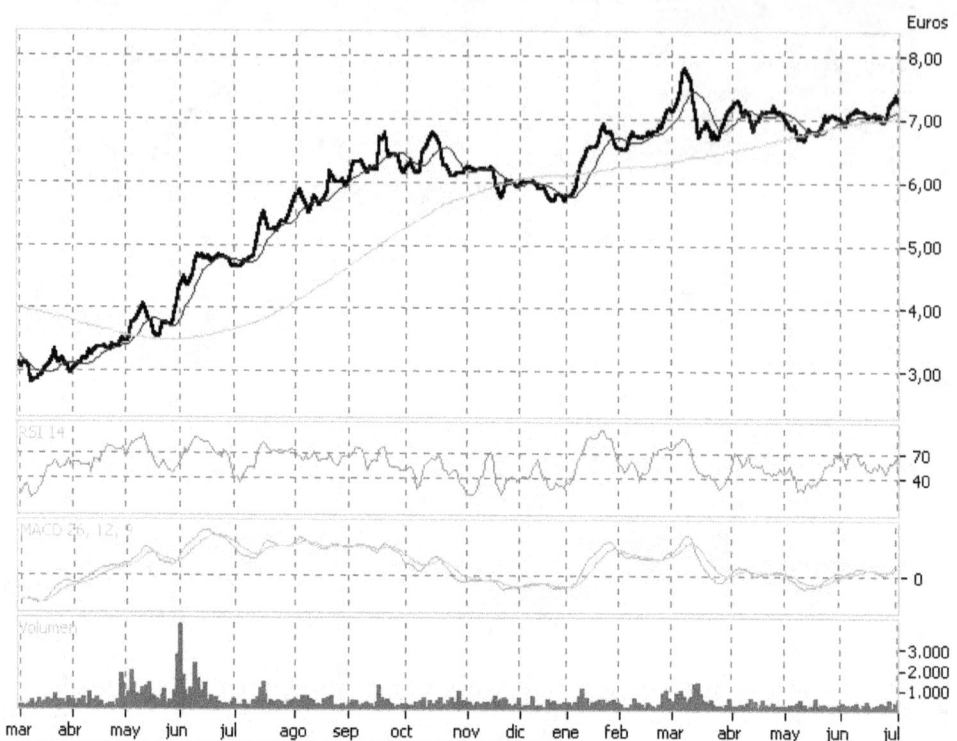

ACCION D(Evolución)

8-CONCLUSIONES

Si como yo eres una persona normal con expectativas de mejora económica, has leído una libro-manual que te puede ayudar a ganar dinero.

La Bolsa es un mundo mágico y atractivo, pero es un mundo que dominan las grandes compañías. El riesgo existe y este libro te ayudará a minimizarlo, pero no podrás eliminarlo en su totalidad.

Nada en la vida excluye a las leyes básicas del Universo. Los comentarios que te puedan haber parecido impropios de un libro técnico son importantes no sólo para este nivel de actuación, sino en cualquiera de las órdenes de la vida.

He pretendido trasladarte mis conocimientos y experiencias en este campo y te pido que tus éxitos también los compartas con otros.
No obstante, éste es un mundo frío y calculador. Deja tus emociones aparte cuando inviertas.

Disfruta de tu vida y párate de vez en cuando a recapacitar sobre todo lo que el Universo te ha dado. Eres un ser privilegiado.

Y lo más importante: Sé feliz, ganes mucho o poco.

¡ Qué tu Dios, tal y como tú lo concibas, te bendiga ¡

¡Mucha suerte en tu camino!

9-PROGRAMAS INFORMÁTICOS Y REFERENCIAS BIBLIOGRAFICAS

PROGRAMAS

-VISUAL CHART
www.visualchart.com

-PERSONAL BROKER
www.perbroker.com

-METASTOCK
www.metastock-download.com

LIBROS

-INICIACIÓN A LA BOLSA
Juan R. Marqués Fernández-Flórez; Ángeles Paz Brues; Raquel Saa Fontan.

-ENCICLOPEDIA BÁSICA DE LA BOLSA Y DEL INVERSOR FINANCIERO
José Ramón Cano Rico; María Eugenia Fabra Florit; Francisco Álvarez Molina

-BOLSA, MERCADOS Y TÉCNICAS DE INVERSIÓN
Francisco José López Lubián.

-INVERTIR EN BOLSA
Eduardo Martínez Abascal.

-EL AHORRO Y LA BOLSA: FORMACIÓN, INFORMACIÓN Y CONSEJOS
Manuel Roel Gómez